챔버 오케스트라를 위한
MusicFarmer **현악 앙상블곡집**

♪

머리말

사랑합니다~

오랜 시간 저와 인연을 맺어온 학교에서는 늘 만날 때 "사랑합니다" 하고 인사를 나눕니다.

이 무심코 나누는 인사말이 지난 20여 년 음악 농사를 짓는 매일의 소중한 비타민이 되어 주었습니다.

저는 대학교와 대학원에서 바이올린을 전공하고, 학교에서 바이올린 수업으로 아이들과 음악 생활을
하게 되었고, 오케스트라를 창단하면서 본격적으로 아이들과 음악 생활을 하게 되었습니다.

매년 음악 농사를 지으면서 여러 무대에서 단원들과 함께 나누었던 결실의 보람과 기쁨을 음악을 사
랑하는 많은 분들과 악보집으로 또 유튜브 영상으로 함께 공유하게 되어 정말 기쁘고 감사합니다.

음악은 한 사람의 인생이 바뀔 수도 있을 만큼 큰 영향을 준다고 합니다.

악기를 배우고 앙상블과 마음을 모으는 음악 생활로 여러분의 심신의 건강과 삶의 질을 높이는데
조금이나마 도움이 되기를 진심으로 바라고 소망합니다. 감사합니다.

저자 김소영

추천사

음악은 사람의 마음을 정화시켜주며 행복을 느끼게 해줍니다.

특히 클래식 음악은 우리의 정서를 더욱 풍부하게 해주고 예술에 대한 위대함을 알게 해줍니다.

이러한 음악을 초등학교 때부터 접할 수 있다는 것은 큰 행운이라고 생각합니다. 어려서의 아름다운 경험은
살아 가는 동안 잊히지 않고 윤택한 삶을 살아가는 밑거름이 되어줍니다. 또한 어렸을 때의 소중한 경험과
체험들이 각자의 삶의 방향을 결정짓기도 합니다. 제가 재직하고 있는 유현초등학교는 오케스트라를 10년
이상 운영하고 있어 단원들뿐만 아니라 모든 어린이들에게 음악의 아름다움을 경험하고 느끼며 체험할 수
있는 소중한 기회를 제공하고 있습니다.

이 책의 저자인 김소영 선생님은 유현오케스트라를 창단부터 지도하시면서 초등학교 어린이들에게 맞는
편곡을 하시고 실제로 연주한 경험을 바탕으로 어떻게 하면 어린이들이 발전적이면서도 즐겁게 연주할 수
있을지 연구해오신 결과의 산물로 이 책을 출간하게 되었습니다.

이 책이 초중고등학교 현장에서 음악을 지도하는 선생님들에게 아주 유용한 자료가 될 것이라 생각됩니다.

원곡의 아름다움과 가치를 그대로 살려 학생들의 눈높이에 알맞게 편곡되어 수록된 이 책의 여러 작품들은 학교 오케스트라 연주곡으로 그리고 음악에 관심 있는 선생님들이 어린이들을 지도하는 데 도움을 줄 거라 생각합니다. 실제로 학교 현장에서 학생들에게 적합한 연주곡집이 부족하여 지도에 어려움을 겪을 때가 많습니다. 이 책이 널리 소개되고 활용되어 생활에서 음악을 배워가는 여러 학생들이 더 좋은 음악을 접하고 아름답게 성장해 나가는 데 도움이 되길 기대합니다.

2024년 9월, 유현초등학교장 강근희

바이올린 연주자이자 오케스트라 지휘자인 사랑하는 제자 김소영 선생의 음악책 발간을 진심으로 축하합니다.

김소영 선생은 음악에 대한 깊은 애정과 열정을 바탕으로 진정한 음악가이자 교육자로서의 자질을 겸비하고 있습니다. 저는 그녀와 함께한 시간 동안 그녀의 성실함과 음악에 대한 헌신적인 태도를 직접 목격할 수 있었으며, 매사에 진솔한 그녀는 특히 학생들을 대할 때 그 따뜻한 마음씨가 더욱 빛을 발합니다.

아이들을 사랑으로 품고 가르치는 그녀의 모습은 단순한 지휘자에서 더 나아가 진정한 교육자로서의 면모를 보여줍니다. 그녀의 교육 방법은 단순한 기술 습득을 넘어서 학생들이 음악을 통해 자신을 표현하고 자신감을 키울 수 있도록 돕는 데 중점을 두고 있습니다.

이러한 교육철학은 그녀가 아이들과 맺는 관계 속에서, 그리고 오케스트라 단원을 위한 그녀의 다양한 연주 레퍼토리에서 자연스럽게 드러나고 있습니다. 김소영 선생은 창의적인 접근으로 늘 새로운 아이디어를 제시하며 오케스트라의 각 파트를 일일이 수작업으로 조율하는 세심함과 철저함을 갖추고 있습니다.

이러한 노력과 열정 덕분에 그녀가 이끄는 유스오케스트라는 항상 높은 수준과 감동의 하모니를 많은 사람들에게 선사하고 있습니다.

이번 현악 앙상블곡집의 발간은 그녀의 오랜 노력과 열정이 결실을 맺은 결과라 생각합니다.

그녀의 음악적 지식과 경험, 그리고 아이들을 향한 사랑이 담긴 소중한 이 결과물을 통해 많은 독자들이 음악생활을 하는 데 있어서 새로운 시각을 얻고, 배우는 과정에서도 큰 도움을 받을 것이라고 확신합니다.

다시 한번 김소영 선생의 책 발간을 축하드리며, 그녀의 밝은 미래를 기원합니다.

진심을 담아,
바이올리니스트 최수미

String Ensemble Collection
for Chamber Orchestra

Contents

Around The World in 80 Days

80일간의 세계 일주 OST

영화음악의 거장으로 알려진 빅터 영(Victor Young)이 작곡한 이곡은 1956년 개봉한 미국 영화 '80일간의 세계일주'의 ost입니다.
아카데미 음악상을 수상하기도 했던 이 곡은 영화음악의 고전으로 지금까지도 대중에게 널리 사랑받고 있습니다.
이 연주곡의 58마디부터 나오는 화음 중 위의 파트는 앙상블 현파트 단원들에게 어려울 경우
생략 하거나 또는 신디 등의 건반이나 플루트로 연주해도 좋습니다.

Victor Young 작곡

11

가을 길

모범 연주

우리나라에서 '가을'하면 떠오르는 이 곡은 김규환 작곡의 가을 풍경을 노래한 동요이며
초등학교 교과서에도 수록된 명랑 쾌활한 작품입니다.
실제로 초등학교의 앙상블을 오래 지도해오면서 학생들이 보다 즐겁게 연습 과정을 함께 해나가는 걸 보았으며,
실제 공연에서도 연주하는 학생들과 관객들에게 매우 호응이 높고 인기가 좋았던 경험이 있습니다.

김규환 작곡

13

Old MacDonald Had a Farm

모범 연주

1706년 영국 작곡가 토마스 더피(Thomas d'Urfey)가 오페라를 위해 작곡했다고 추정되며, 이후 영국, 아일랜드, 북미에서
수백 년 동안 다양한 형태의 민요로 존재하다가 20세기에 마침내 표준화된 대표적인 마더 구스 중 하나인 작품입니다.
한국에서는 '그래 그래서'라는 번안곡으로도 알려져있어 대중에게도 친숙한 멜로디의 곡이며,
중급 수준과 더불어 기초과정의 단원들도 함께 연주할 수 있도록 편곡하였습니다.

Thomas d'Urfey 작곡

Allemande

독일 춤곡

16세기 프랑스의 성직자이자 사교댄스를 연구한 음악가였던 투아노 아르보(Thoinot Arbeau)가 작곡한 이 알르망드는
바로크 시대 기악 춤곡 형식의 하나이며, 프랑스에서 유행했던 독일풍의 2박자 춤곡을 말하기도 합니다.
이곡은 기초 단계부터 중급 이하 수준의 단원들도 재미있게 합주를 만들어갈 수 있도록 단순한 2박자 춤곡 리듬과 라장조 음계의 1포지션 멜로디,
그리고 피치카토와 기본적인 활 테크닉으로 연주하도록 만들어진 작품입니다.

Thoinot Arbeau 작곡

24

26

Canarios

from Suite Espanola

모범 연주

카나리오스는 카나리아 군도의 새 '카나리아'를 의미하기도 하며, 바로크 시대의 작곡가 가스파르 산즈(Gaspar Sanz)가 카나리아 제도의 춤에서
영감을 받아 작곡했다고 알려져 있습니다. 밝은 에너지가 넘치는 빠르고 경쾌한 이 곡에는 6/8박자와 3/4박자가 번갈아 나오는
'헤미올라'가 사용되어, 바뀌는 리듬의 엑센트를 표현하며 연주하도록 합니다.

Gaspar Sanz 작곡

30

34

환희의 송가

An die Freude

베토벤(L.V.Beethoven) 최후의 교향곡 9번 <합창> 4악장에 나오는 합창곡이 바로 이 '환희의 송가'입니다.
합창교향곡은 베토벤이 당시 청각장애를 가진 힘든 상황에서 작곡한 위대한 역작이며, 특히 이 '환희의 송가' 는 합창교향곡의 백미로 오랫동안
연주자들과 대중에게 많은 사랑을 받고 있습니다. 수많은 무대에서 공연되었고, 여러 가지 버전의 플래시몹 연주로도 선보인 이 곡의 원곡은
베이스의 솔로로 시작하지만, 제가 지도하는 앙상블팀이 공연할 때에는 바이올린 3파트(또는 비올라)를 맡은 아이들이 느린 템포의 솔로 독주를 시작하면서
점차 파트가 더해지며, 전조에 따라 템포가 빨라지면서 음악의 절정으로 달려가고 화려한 대미를 표현하도록 편곡하였습니다.

L. V. Beethoven 작곡

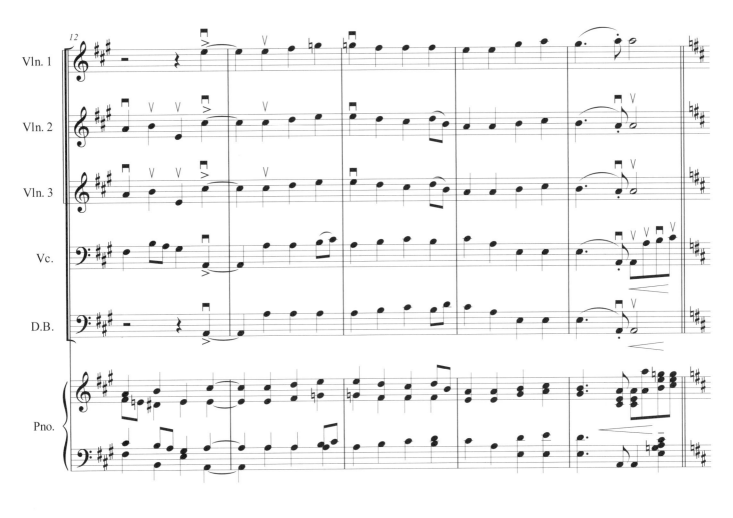

Andantino (♩=79)

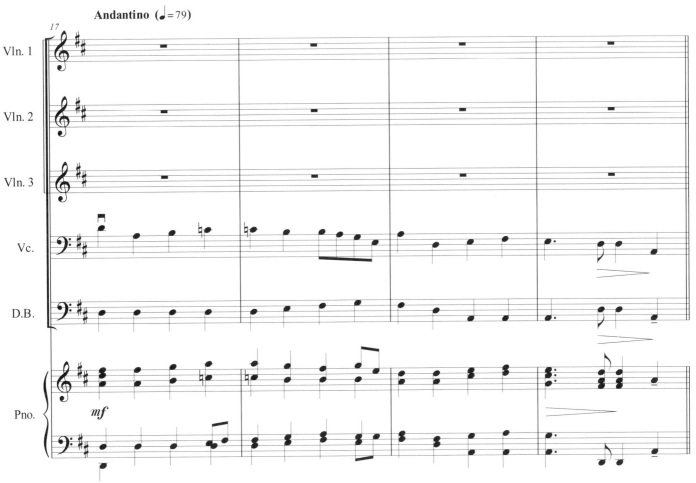

Maestoso

The Typewriter

타자기 협주곡

모범 연주

미국의 작곡가 리로이 앤더슨(Leroy Anderson)이 1950년에 발표한 경쾌한 연주곡인 이곡은 타자기 소리를 묘사한 재미있는 악상이 협주되어
즐겁게 연주하고 감상할 수 있는 작품입니다. 음악은 8분음표의 움직임으로 타이핑되는 소리, 그리고 줄바꿈할 때 타자기의 '땡'하는 종소리와
그 다음 줄로 이동 시 반환 레버를 조작하는 '탁' 하는 소리로 타자기를 묘사합니다. 타자기가 없어도 타자기의 옵션으로 타이핑을 묘사할 때는
우드블록을, 그리고 트라이앵글과 카바사로 대체하여 타악기 협연곡으로 공연할 수 있는 재미있는 작품입니다.

Leroy Anderson 작곡

48

50

학교 가는 길

The Way to School

작곡가 김광민이 음악가 노영심에게 선사하여 노영심의 앨범 [1997 이야기 피아노(無言歌)]에도 수록된 작품입니다. 밝고 경쾌한 이 음악은 초등학교

음악 교과서에도 수록되었으며 여러 방송매체와 다양한 영상에 꾸준히 삽입되며 사랑받는 곡입니다.

밝은 느낌을 살려 연주하기 위해 8분음표는 스타카토(가능하면 스피카토)로 연주하도록 했으며

곡의 처음과 마지막에 피치카토를 넣어 아이들의 재미있고 경쾌한 느낌을 살리도록 하였습니다.

김광민 작곡

축배의 노래

Brindisi

이 작품은 이탈리아의 대표적인 오페라 작곡가 주세페 베르디(Giuseppe Verdi)가 1853년에 발표한 오페라 <라 트라비아타>이며, 1막에서 남,녀 성악가가
듀엣으로 부르는 아리아입니다. 두 사람이 서로 노래를 주고 받으며 대화하는 형식으로 이어지는 진행을 악기로 표현하여 재미있게 연습할 수 있습니다.
파티 장면에서 먼저 알프레도가 아리아를 부르기 시작한 후, 비올레타와 함께 2중창으로, 그리고 합창까지 더해지는 화려하고 경쾌한 곡이기에 다양한 무대에서
연주되는 작품입니다. 원곡은 Bb Major이지만 현악기의 특성상 다양한 수준의 단원들이 함께 합주가 수월하도록 D Major로 편곡하였습니다.
두 사람이 서로 노래를 주고 받으며 대화하는 형식으로 이어지는 음악을 잘 표현하여 재미있게 연주할 수 있습니다.

Giuseppe Verdi 작곡

Oh Happy Day

<시스터 액트 2> OST

이 곡은 1755년 작곡된 찬송가를 1967년 미국의 가스펠 음악가인 에드윈 호킨스(Edwin Hawkins)가 지금과 같은 형태로 편곡한 작품이며,
1990년대 초반 개봉한 미국의 코미디 영화 <시스터 액트 2>의 ost로도 유명한 곡입니다. 영화 속 배우들의 멋진 하모니가 인상적이었던 이 음악은
악기로 연주할 때에도 특유의 밝고 기분 좋은 느낌이 잘 드러나 다양한 무대에서 공연되는 작품입니다.

Edwin R. Hawkins 편곡

70

La Cumparsita

'가장행렬, 작은 퍼레이드'라는 뜻의 이 작품은 세계적으로 가장 사랑받는 탱고 곡 중 하나입니다. 탱고의 리듬은 기본적으로 2/4박자이며,
탱고 스텝을 연상하면서 마디별 음표의 뉘앙스와 각 박자에 있는 엑센트를 잘 살려서 연주하면 멋진 공연이 될 것입니다.
또한 저는 이 곡의 스네어 드럼 파트를 카혼과 함께 연주하기도 했었으며, D섹션의 53마디~60마디는
우드블록을 곁들여도 분위기에 잘 어울립니다.

G. M. Rodriguez 작곡

80

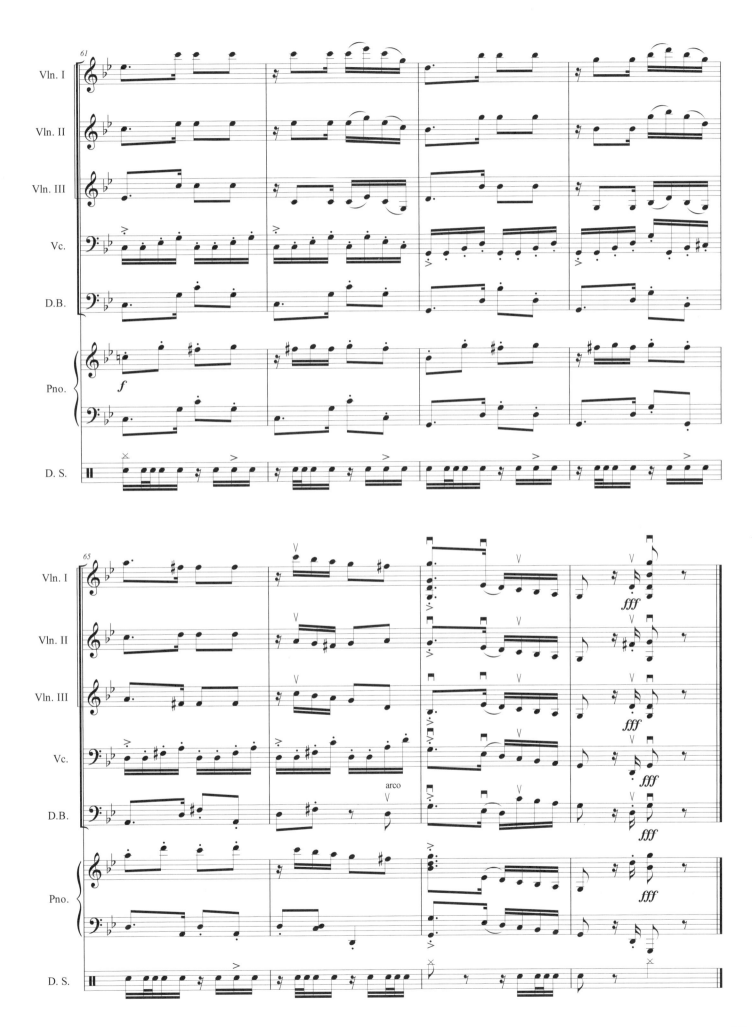

Carmen Overture

모범 연주

1875년 프랑스의 작곡가 비제(Bizet)가 작곡한 오페라 <카르멘>은 주인공들의 사랑과 열정, 그리고 죽음까지 담긴 내용이며 특히 화려하고
색채감이 있는 '카르멘 서곡'은 독립되어 콘서트에서 흔히 연주되고 대중에게 사랑받는 작품입니다. 대부분의 서곡이 그렇듯
이 연주곡도 작품의 내용을 암시하는 세 개의 악상으로 이루어져 있습니다. 이번 앙상블 책에는 그중 첫 번째 카스티야의 주제를 연주한
부분과 마지막에 작품의 전개를 예고하는 화려한 마무리 악상 부분을 따로 간추려서 수록하였습니다.

Bizet 작곡

Canon of Spring

아이들의 봄

오랜 세월 학교 유스오케스트라를 지도하면서 아이들이 캐논 형식의 연주곡을 매우 좋아하며, 합주를 통하여 음악적 유익을 기르는 데에도 많은 도움이 된다는 걸 느껴왔습니다. 그래서 아이들이 연주할 수 있는 캐논 합주곡이 보다 다양하면 좋겠다는 생각을 해왔고, 그런 마음에서 작곡하게 된 작품이 <Canon of Four Seasons(부제: 아이들의 사계>입니다. 그중 첫 곡인 'Canon of Spring(아이들의 봄)'은 3대의 바이올린과 베이스의 반복되는 저음 멜로디로 함께 연주하도록 되어 있으며, 연주했던 단원들이 재미있게 연습에 참여했던 추억이 있습니다. 봄이 오고 꽃나무마다 뾰족뾰족 초록을 내밀고 돋아나는 새싹의 밝은 기운을 생각하며, 새학년을 맞이하게 된 아이들의 두근거림을, 그리고 희망찬 발걸음으로 나아가는 신입생들의 기대로 설레이는 마음을 음악으로 표현하였습니다.

김소영 작곡

Canon of Summer

모범 연주

아이들의 여름

아이들이 학교생활 중 너무나 기다리는 기간이 방학이며, 특히 부모님의 휴가와 야외활동이 많은 여름을 좋아합니다. 그러한 아이들의 신나는 마음을
캐논 형식의 멜로디로 표현한 'Canon of Summer (아이들의 여름)'도 첫 곡처럼 3대의 바이올린과 반복되는 첼로, 베이스의 저음 멜로디로 함께 연주하는
즐거운 느낌의 연주곡입니다. 신나고 즐거운 시간들이 너무나 짧게 사라지는 느낌을 넣어 곡의 후반부는 데크레센도의 피치카토법으로 마무리하게 됩니다.
이 곡에서 타악기의 경우, 드럼과 더불어 우드블록을 곁들여 연주하기도 하였으며, 피아노 멜로디를 마림바나 글로켄슈필로 함께 연주해도 좋습니다.

김소영 작곡

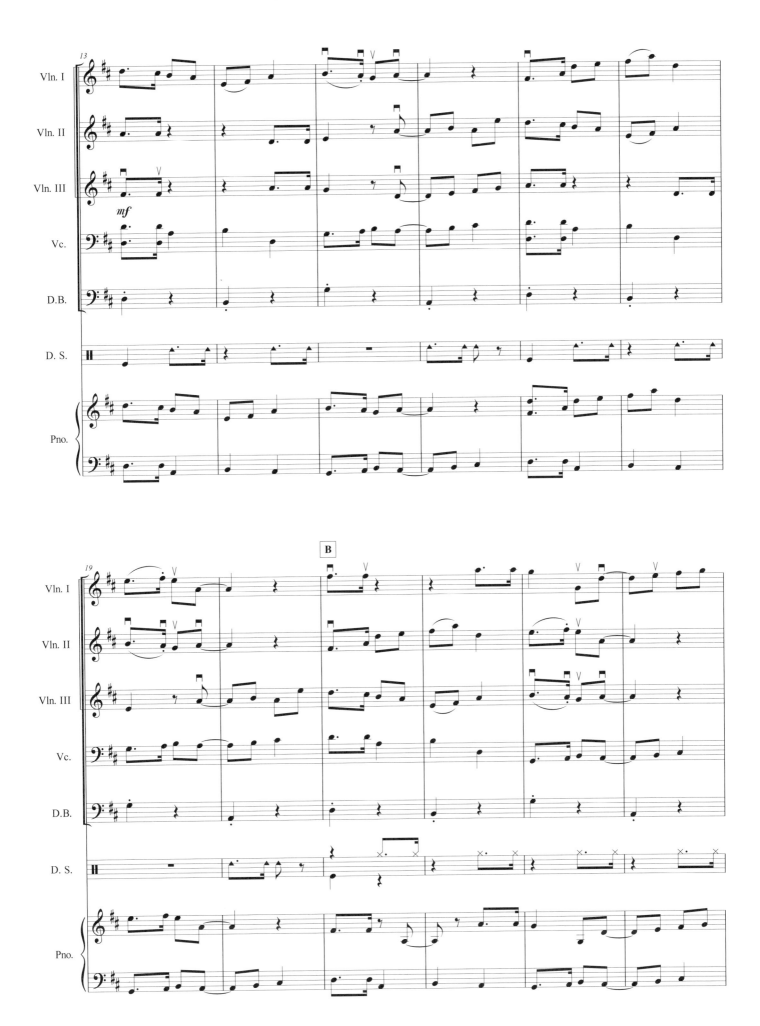

당신은 사랑 받기 위해 태어난 사람 with 캐논

이 곡은 이민섭 목사님이 작곡하신 노래로, 따뜻한 멜로디와 축복의 메시지가 담겨 있기에 나이와 종교를 초월하여 많은 대중에게 사랑받고 있는 연주곡입니다.
중학교 교과서에도 수록된 바 있는 이 연주곡은 파헬벨의 캐논과 코드의 흐름이 많이 비슷하기에 두 곡을 함께 연주하도록 편곡하였으며,
입학식과 졸업식 그리고 환영식 등의 축복하는 여러 행사에서 따뜻한 마음을 담아 공연하곤 하였습니다.

이민섭, Pachelbel 작곡

챔버 오케스트라를 위한
MusicFarmer 현악 앙상블곡집

발행일 2024년 10월 30일

저자 김소영
발행인 최우진
편집 왕세은
디자인 김세린

발행처 그래서음악(somusic)
출판등록 2020년 6월 11일 제 2020-000060호
주소 경기도 성남시 분당구 정자일로 177
이메일 book@somusic.co.kr

ISBN 979-11-93978-31-3 (93670)

챔버 오케스트라를 위한
MusicFarmer 현악 앙상블곡집

Violin 1~3 파트보

Contents

Violin. 1

Around The World in 80 Days

80일간의 세계 일주 OST

Victor Young 작곡

가을 길

김규환 작곡

Old MacDonald Had a Farm

Thomas d'Urfey 작곡

Allemande

독일 춤곡

Thoinot Arbeau 작곡

7

Canarios

from Suite Espanola

Gaspar Sanz 작곡

Violin.1

환희의 송가

An die Freude

Beethoven 작곡

The Typewriter

Leroy Anderson 작곡

타자기 협주곡

Violin.1

학교 가는 길

The Way to School

김광민 작곡

축배의 노래

Brindisi

Giuseppe Verdi 작곡

Oh Happy Day

시스터 액트 2 OST

Edwin R. Hawkins 작곡

La Cumparsita

G. M. Rodriguez 작곡

Carmen Overture

Bizet 작곡

Canon of Spring

아이들의 봄

김소영 작곡

Canon of Summer

아이들의 여름

김소영 작곡

Violin.1

당신은 사랑 받기 위해 태어난 사람 with 캐논

Violin.1

이민섭, Pachelbel 작곡

20

Violin. 2

Around The World in 80 Days

Violin. 2

80일간의 세계 일주 OST

Victor Young 작곡

가을 길

김규환 작곡

Old MacDonald Had a Farm

Thomas d'Urfey 작곡

Allemande

독일 춤곡

Thoinot Arbeau 작곡

Canarios

from Suite Espanola

Gaspar Sanz 작곡

환희의 송가

An die Freude

Beethoven 작곡

Violin. 2

The Typewriter

타자기 협주곡

Leroy Anderson 작곡

학교 가는 길

The Way to School

Violin. 2

김광민 작곡

축배의 노래

Brindisi

Giuseppe Verdi 작곡

34

Oh Happy Day

시스터 액트 2 OST

Edwin R. Hawkins 작곡

La Cumparsita

G. M. Rodriguez 작곡

Carmen Overture

Bizet 작곡

Canon of Spring

아이들의 봄

Violin. 2

김소영 작곡

Canon of Summer

아이들의 여름

김소영 작곡

당신은 사랑 받기 위해 태어난 사람 with 캐논

Violin. 2

이민섭, Pachelbel 작곡

40

Violin. 3

Around The World in 80 Days

80일간의 세계 일주 OST

Victor Young 작곡

가을 길

김규환 작곡

Old MacDonald Had a Farm

Thomas d'Urfey 작곡

46

Allemande

독일 춤곡

Thoinot Arbeau 작곡

Canarios

from Suite Espanola

Gaspar Sanz 작곡

환희의 송가

An die Freude

Beethoven 작곡

The Typewriter

타자기 협주곡

Leroy Anderson 작곡

Allegro Vivace

50

학교 가는 길

The Way to School

Violin. 3

김광민 작곡

축배의 노래

Brindisi

Giuseppe Verdi 작곡

Oh Happy Day

시스터 액트 2 OST

Edwin R. Hawkins 작곡

La Cumparsita

G. M. Rodriguez 작곡

Carmen Overture

Violin. 3

Bizet 작곡

Canon of Spring

아이들의 봄

김소영 작곡

Violin. 3

Canon of Summer

아이들의 여름

Violin. 3

김소영 작곡

59

당신은 사랑 받기 위해 태어난 사람 with 캐논

Violin. 3

이민섭, Pachelbel 작곡

챔버 오케스트라를 위한
MusicFarmer **현악 앙상블곡집**
Violin 파트보

발행일 2024년 10월 30일

저자 김소영
발행인 최우진
편집 왕세은
디자인 김세린

발행처 그래서음악(somusic)
출판등록 2020년 6월 11일 제 2020-000060호
주소 경기도 성남시 분당구 정자일로 177
이메일 somusicu@naver.com

ISBN 979-11-93978-31-3(93670)

챔버 오케스트라를 위한
MusicFarmer 현악 앙상블곡집

Cello, Double Bass 파트보

Contents

Cello

Around The World in 80 Days

80일간의 세계 일주 OST

Victor Young 작곡

가을 길

김규환 작곡

Old MacDonald Had a Farm

Thomas d'Urfey 작곡

Cello

6

Allemande

독일 춤곡

Thoinot Arbeau 작곡

Canarios

from Suite Espanola

Gaspar Sanz 작곡

Cello

환희의 송가

An die Freude

Beethoven 작곡

The Typewriter

타자기 협주곡

Leroy Anderson 작곡

The Typewriter

타자기 협주곡

Leroy Anderson 작곡

학교 가는 길

The Way to School

김광민 작곡

Cello

축배의 노래

Brindisi

Giuseppe Verdi 작곡

Cello

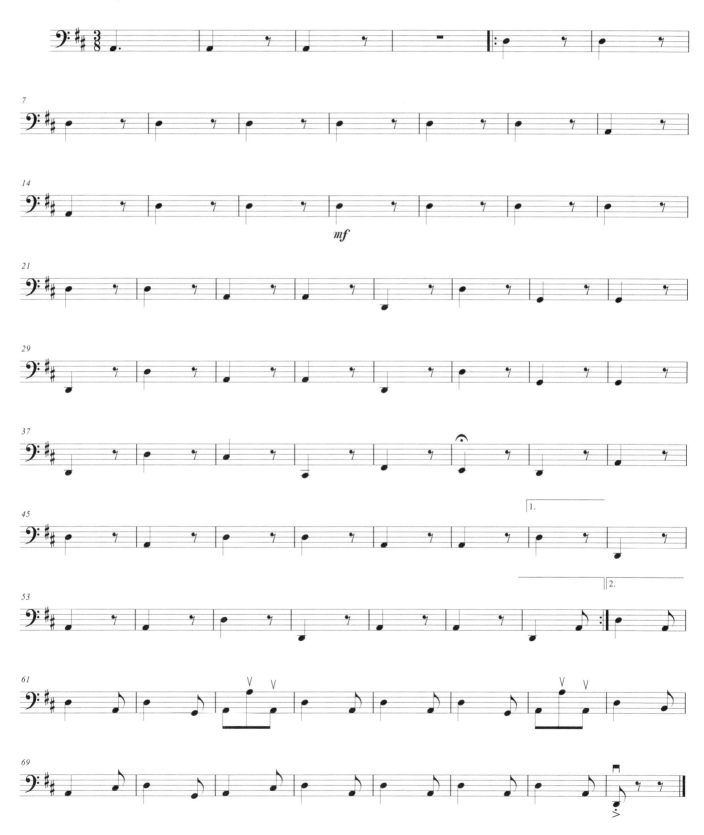

Oh Happy Day

시스터 액트 2 OST

Edwin R. Hawkins 작곡

14

La Cumparsita

G. M. Rodriguez 작곡

Carmen Overture

Bizet 작곡

Canon of Spring

Cello

아이들의 봄

김소영 작곡

Canon of Summer

아이들의 여름

김소영 작곡

당신은 사랑 받기 위해 태어난 사람 with 캐논

Cello

이민섭, Pachelbel 작곡

Double Bass

Around The World in 80 Days

80일간의 세계 일주 OST

Victor Young 작곡

가을 길

김규환 작곡

Old MacDonald Had a Farm

Double Bass

Thomas d'Urfey 작곡

Allemande

독일 춤곡

Thoinot Arbeau 작곡

Double Bass

25

Canarios

from Suite Espanola

Double Bass

Gaspar Sanz 작곡

환희의 송가

An die Freude

Beethoven 작곡

Double Bass

The Typewriter

타자기 협주곡

Double Bass

Leroy Anderson 작곡

28

학교 가는 길

The Way to School

김광민 작곡

Double Bass

축배의 노래

Brindisi

Giuseppe Verdi 작곡

Double Bass

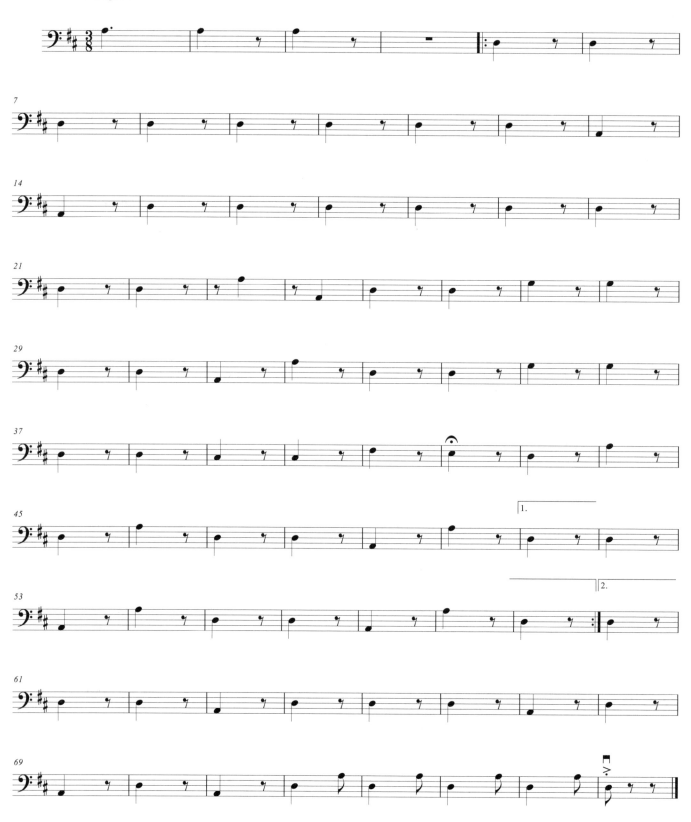

Oh Happy Day

시스터 액트 2 OST

Edwin R. Hawkins 작곡

Double Bass

La Cumparsita

G. M. Rodriguez 작곡

Carmen Overture

Double Bass

Bizet 작곡

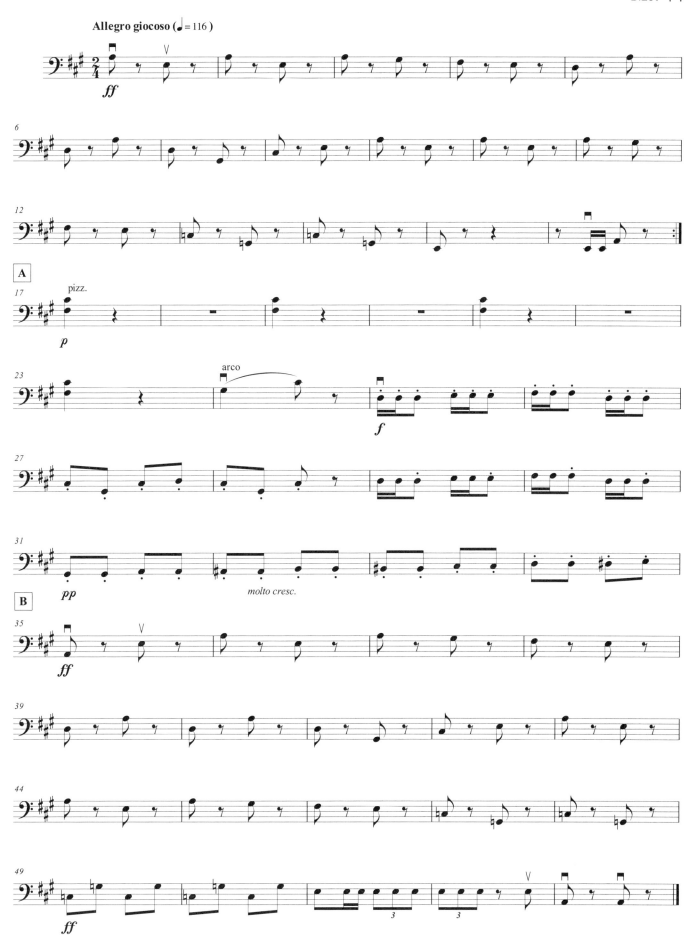

Canon of Spring

아이들의 봄

Double Bass

김소영 작곡

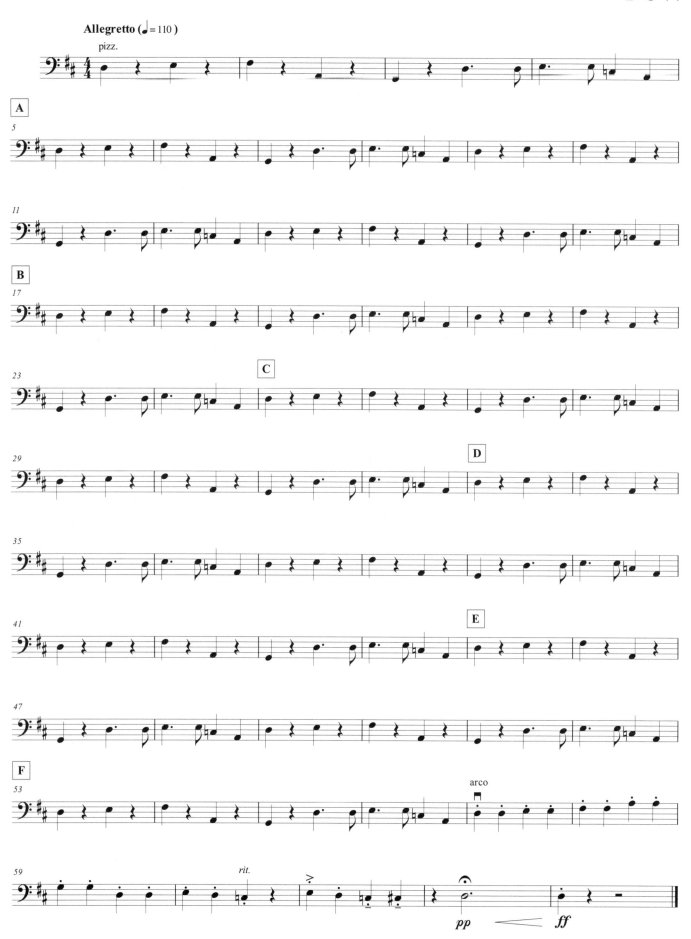

34

Canon of Summer

아이들의 여름

Double Bass

김소영 작곡

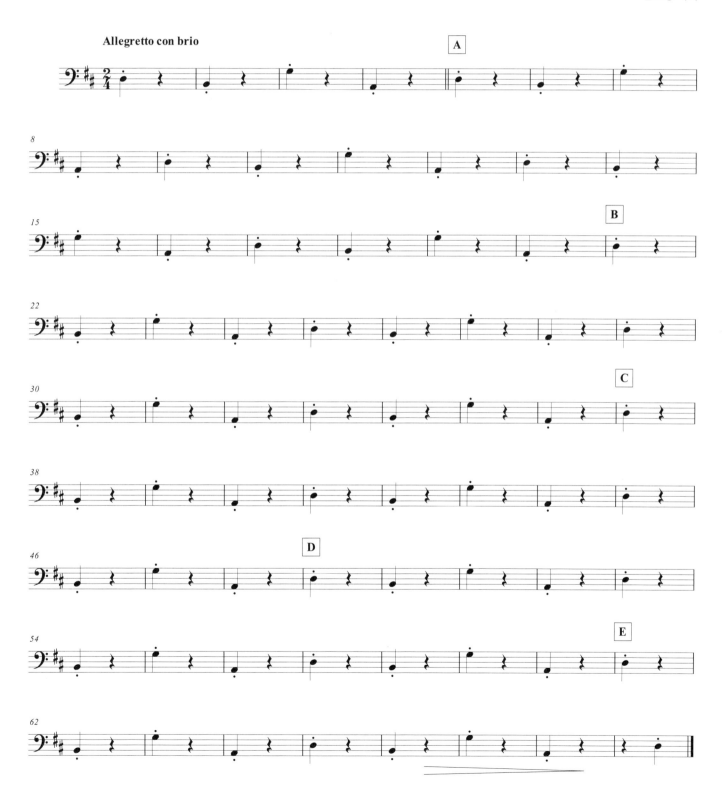

당신은 사랑 받기 위해 태어난 사람 with 캐논

Double Bass

이민섭, Pachelbel 작곡

챔버 오케스트라를 위한
MusicFarmer 현악 앙상블곡집
Cello, Double Bass 파트보

발행일 2024년 10월 30일

저자 김소영
발행인 최우진
편집 왕세은
디자인 김세린

발행처 그래서음악(somusic)
출판등록 2020년 6월 11일 제 2020-000060호
주소 경기도 성남시 분당구 정자일로 177
이메일 somusicu@naver.com

ISBN 979-11-93978-31-3(93670)

챔버 오케스트라를 위한
MusicFarmer **현악 앙상블곡집**

Piano & Percussion 파트보

Contents

Piano & Percussion

Around The World in 80 Days

80일간의 세계 일주 OST

Victor Young 작곡

가을 길

김규환 작곡

Old MacDonald Had a Farm

Piano

Thomas d'Urfey 작곡

8

9

Allemande

독일 춤곡

Piano

Thoinot Arbeau 작곡

11

Canarios

from Suite Espanola

Piano

Gaspar Sanz 작곡

환희의 송가

An die Freude

Beethoven 작곡

The Typewriter

Piano & Percussion

Leroy Anderson 작곡

학교 가는 길

The Way to School

Piano & Percussion

김광민 작곡

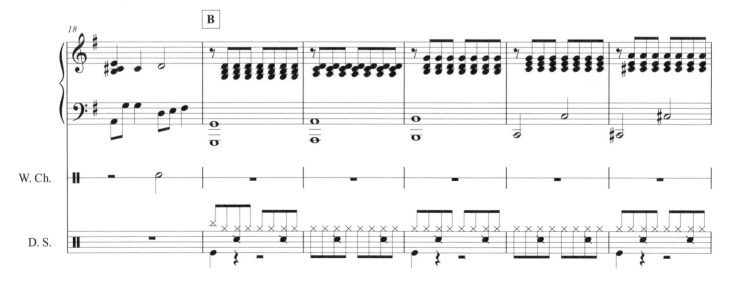

축배의 노래

Brindisi

Giuseppe Verdi 작곡

Allegrtto

Drum Set

D. S.

D. S.

D. S.

D. S.

24

Oh Happy Day

시스터 액트 2 OST

Edwin R. Hawkins 작곡

Piano & Percussion

26

27

29

La Cumparsita

G. M. Rodriguez 작곡

Carmen Overture

Bizet 작곡

Canon of Spring

아이들의 봄

Piano & Percussion

김소영 작곡

Canon of Summer

아이들의 여름

김소영 작곡

당신은 사랑 받기 위해 태어난 사람 with 캐논

Piano & Percussion

이민섭, Pachelbel 작곡

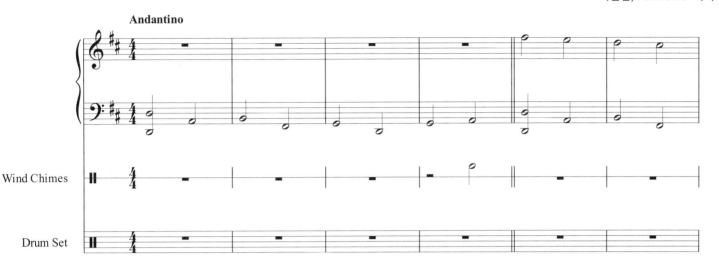

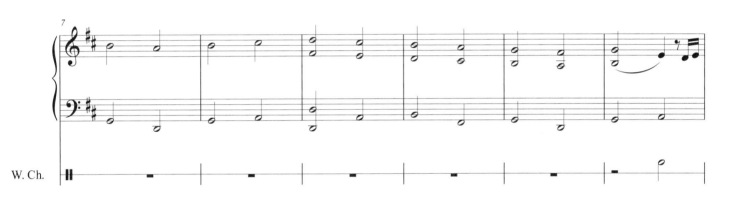

챔버 오케스트라를 위한
MusicFarmer 현악 앙상블곡집
Piano & Percussion 파트보

발행일 2024년 10월 30일

저자 김소영
발행인 최우진
편집 왕세은
디자인 김세린

발행처 그래서음악(somusic)
출판등록 2020년 6월 11일 제 2020-000060호
주소 경기도 성남시 분당구 정자일로 177
이메일 somusicu@naver.com

ISBN 979-11-93978-31-3(93670)